Picture Dictionary

ENGLISH/ DANISH

More than 350 Essential Words

Dylanna Press

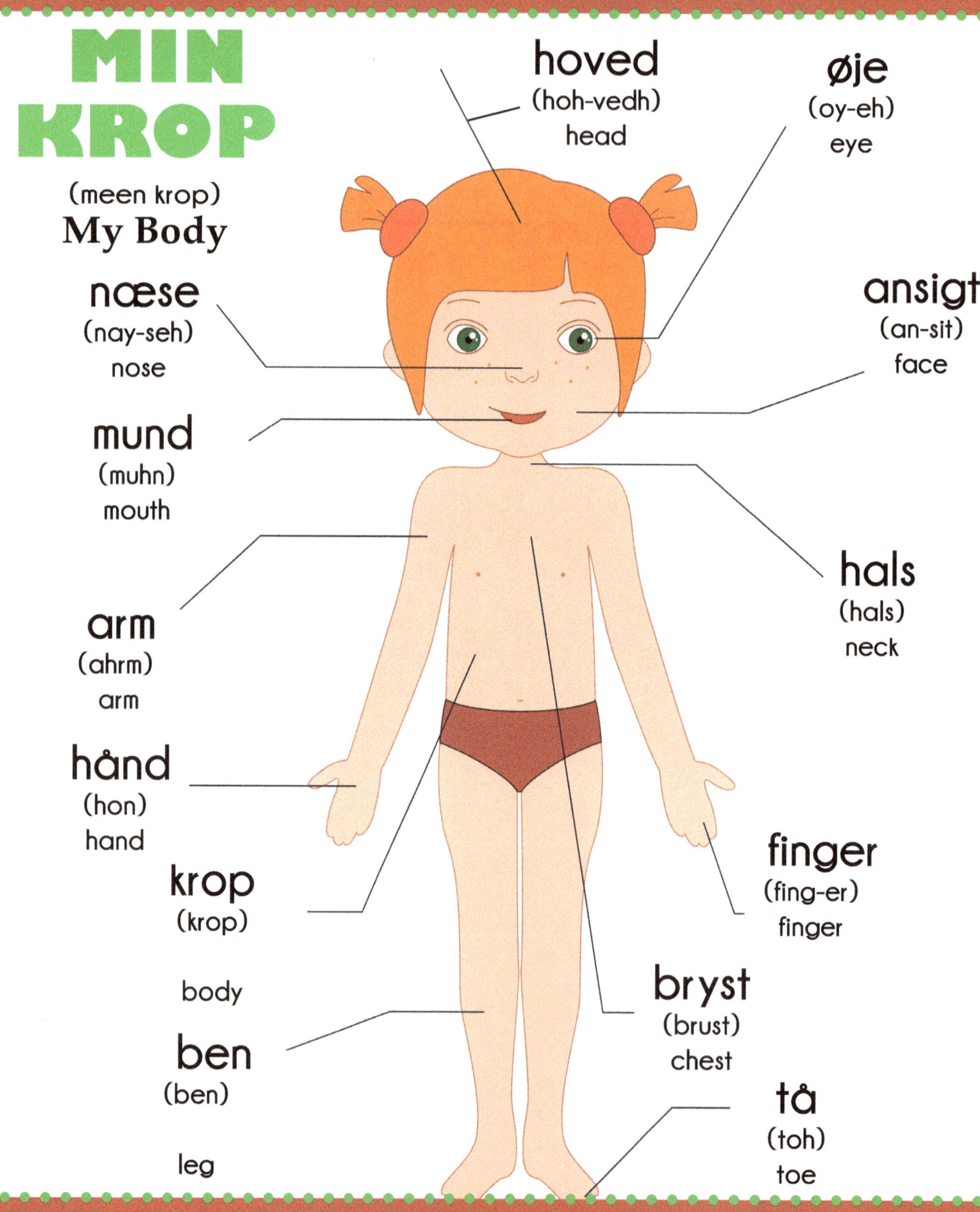

MIN KROP
(meen krop)
My Body

hoved
(hoh-vedh)
head

øje
(oy-eh)
eye

næse
(nay-seh)
nose

ansigt
(an-sit)
face

mund
(muhn)
mouth

hals
(hals)
neck

arm
(ahrm)
arm

hånd
(hon)
hand

krop
(krop)
body

finger
(fing-er)
finger

bryst
(brust)
chest

ben
(ben)
leg

tå
(toh)
toe

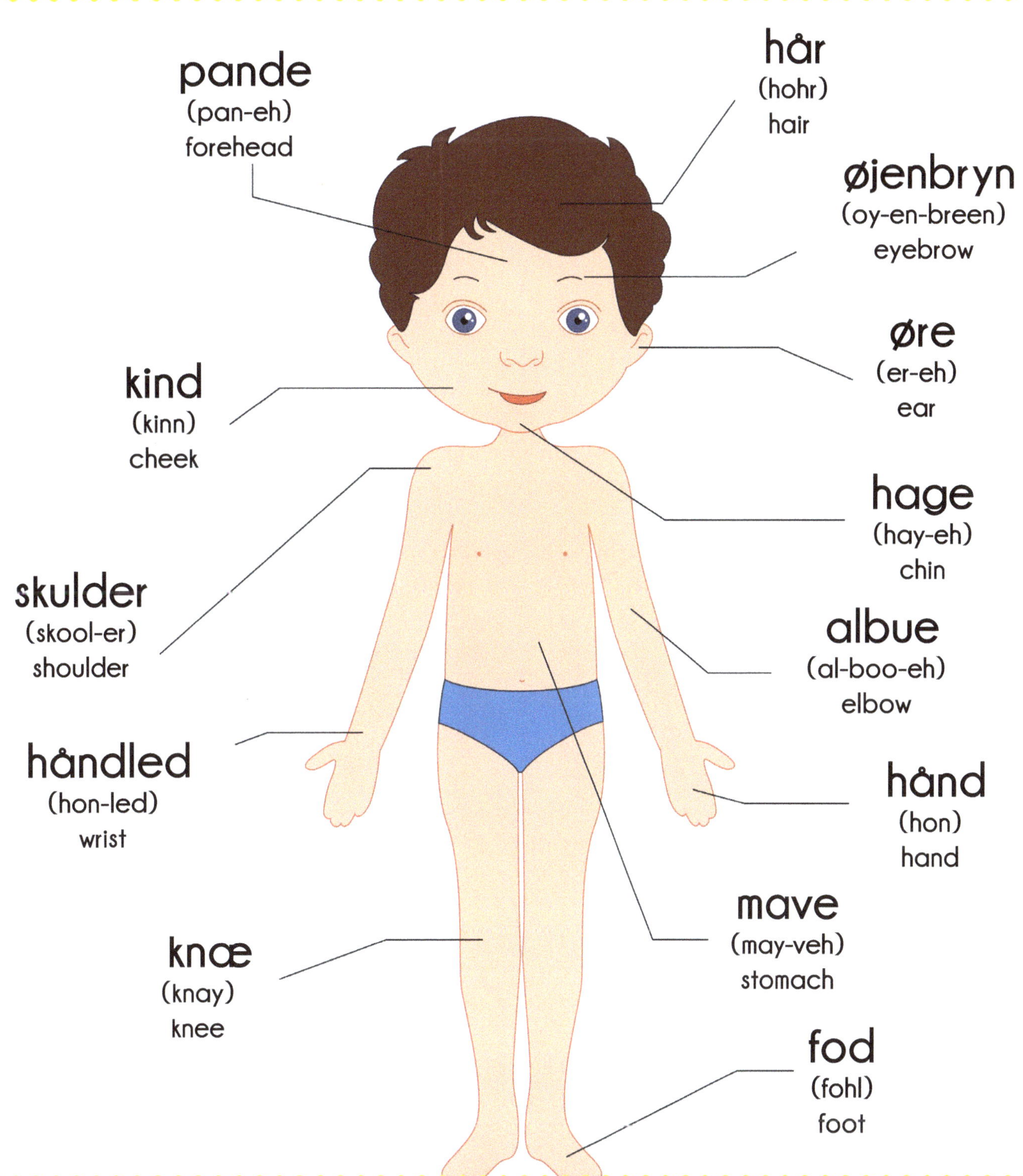

pande
(pan-eh)
forehead

hår
(hohr)
hair

øjenbryn
(oy-en-breen)
eyebrow

øre
(er-eh)
ear

kind
(kinn)
cheek

hage
(hay-eh)
chin

skulder
(skool-er)
shoulder

albue
(al-boo-eh)
elbow

håndled
(hon-led)
wrist

hånd
(hon)
hand

knæ
(knay)
knee

mave
(may-veh)
stomach

fod
(fohl)
foot

FAMILIE — FAMILY

MIT HUS
(mit hoos)

my house

stue
(stoo-eh)

living room

køkken
(kur-ken)

kitchen

soveværelse
(soh-veh-rel-seh)

bedroom

badeværelse
(bahd-eh-vay-rel-seh)

bathroom

trapper
(trap-er)

stairs

vindue
(vin-doo-eh)

window

pejs
(pys)

fireplace

dør
(dur)

door

sofa
(soh-fah)

couch

stol
(stohl)

chair

bord
(bohr)

table

lampe
(lam-peh)

lamp

fjernsyn
(fyern-sewn)

television

kommode
(koh-moh-deh)

dresser

skrivebord
(skree-veh-bohr)

desk

bogreol
(boh-ray-ohl)

bookcase

skammel
(skam-el)

stool

(ee soh-veh-rel-set)

In the bedroom

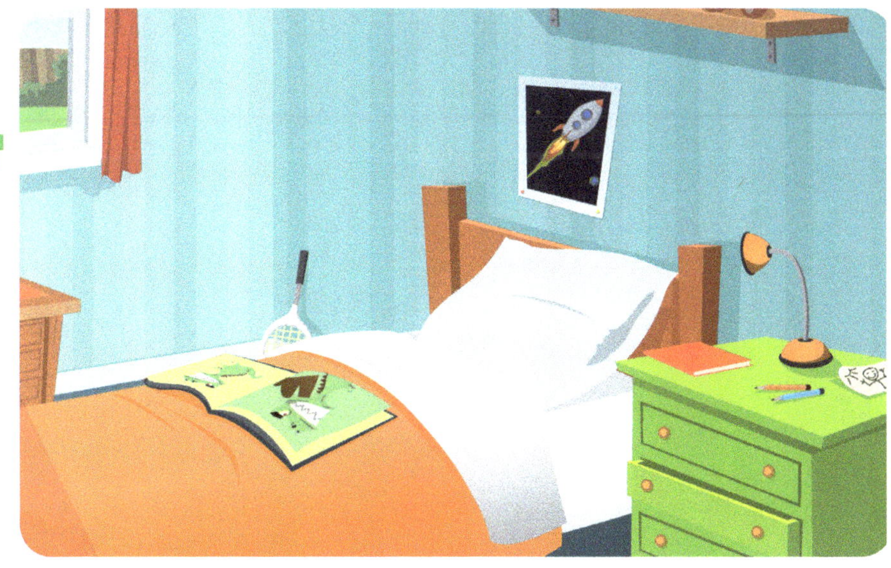

seng
(sehng)

bed

pude
(poo-deh)

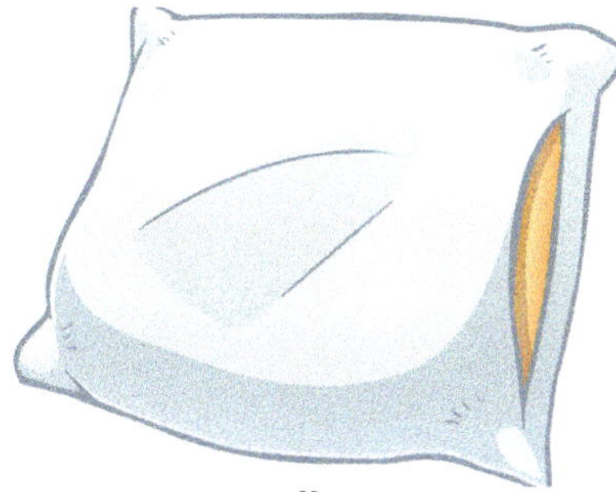

pillow

tæppe
(teh-peh)

blanket

garderobe
(gar-deh-roh-beh)

wardrobe

ur
(oor)

clock

spejl
(spyle)

mirror

KØKKEN
(kur-ken)

kitchen

køleskab
(kur-leh-skayb)

refrigerator

komfur
(kom-foo-er)

stove

skål
(skohl)

bowl

kop
(kop)

cup

glas
(glas)

glass

skærebræt
(skay-er-braht)

cutting board

kniv
(kneev)

knife

gaffel
(gaf-el)

fork

kedel
(keh-del)

kettle

pande
(pan-eh)

pan

gryde
(gry-deh)

pot

tallerken
(tal-air-ken)

plate

ske
(skay)

spoon

tekande
(teh-kan-eh)

teapot

piskeris
(pis-keh-rees)

whisk

opvaskemaskine
(op-vas-keh-mah-skeen-eh)

dishwasher

mikrobølgeovn
(mee-kroh-bul-yeh-own)

microwave

BADEVÆRELSE
(bahd-eh-vay-rel-seh)

bathroom

badekar
(bah-deh-kar)

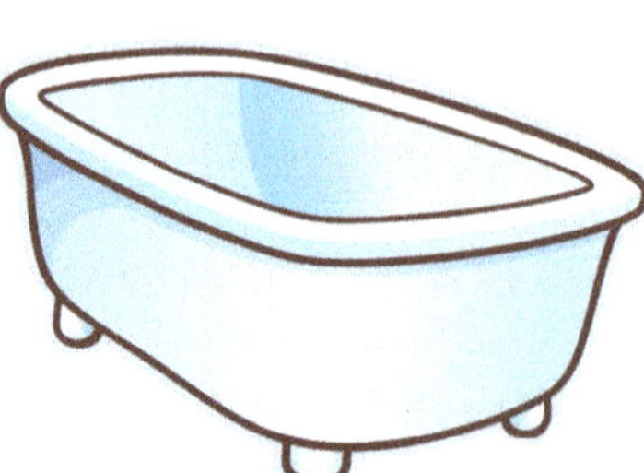

bathtub

sæbe
(say-beh)

soap

børste
(burs-teh)

brush

bobler
(bob-lah)

bubbles

kam
(kahm)

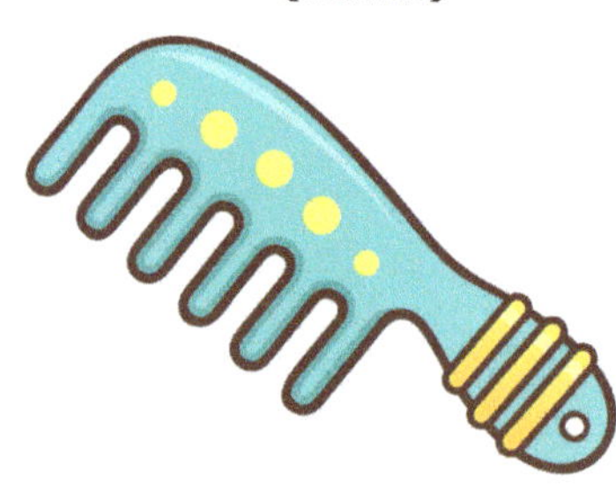

comb

vandhane
(van-hay-neh)

faucet

vægt
(vegt)

scale

shampoo
(sham-poo)

shampoo

bruser
(broo-ser)

shower

håndvask
(hon-vask)

sink

svamp
(svahmp)

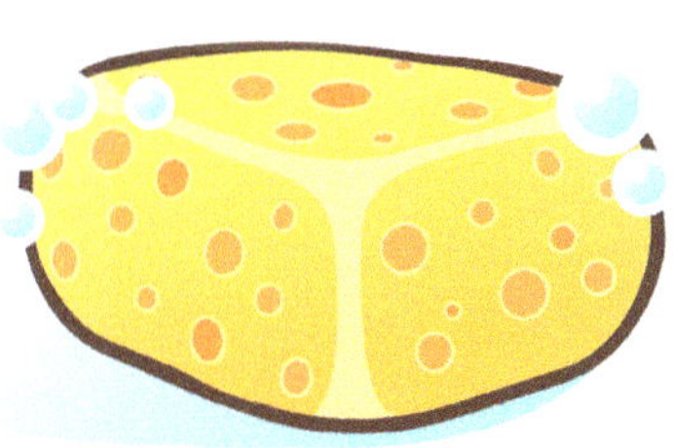

sponge

papirserviet
(pa-peer-ser-vee-et)

tissue

toilet
(toy-let)

toilet

tandbørste
(tan-burs-teh)

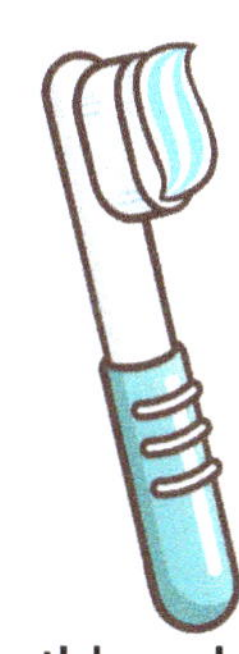

toothbrush

tandpasta
(tan-pas-ta)

toothpaste

håndklæde
(hon-klay-deh)

towel

toiletpapir
(toy-let-pah-peer)

toilet paper

MIT TØJ
(mit toy)
My Clothes

bælte
(bel-teh)

belt

badedragt
(bah-deh-drahgt)

swimsuit

bluse
(bloo-seh)

blouse

støvler
(sterv-lah)

boots

frakke
(frah-keh)

coat

kjole
(kyoh-leh)

dress

handsker
(han-sker)

gloves

jakke
(yah-keh)

jacket

hat
(hat)

hat

jeans
(jeens)

jeans

slips
(slips)

necktie

bukser
(buk-ser)

pants

overalls
(oh-ver-alls)

overalls

taske
(tas-keh)

purse

pyjamas
(pyoo-yah-mas)

pajamas

tørklæde
(tur-klay-deh)

scarf

undertøj
(oh-ner-toy)

underwear

sko
(sko)

shoes

nederdel
(nel-er-dayl)

skirt

kondisko
(kon-dee-sko)

sneakers

strømper
(strum-per)

socks

solbriller
(sohl-brill-er)

sunglasses

sweater
(sve-ter)

sweater

t-shirt
(tee-shirt)

T shirt

strømpebukser
(strum-peh-buk-ser)

tights

badebukser
(bah-deh-buk-ser)

swim trunks

sweatshirt
(sveht-shirt)

sweatshirt

MAD
(mal)

Food

tomat
(toh-mate)

tomato

vandmelon
(van-meh-lohn)

watermelon

æble
(eh-bleh)

apple

appelsin
(ahp-el-seen)

orange

banan
(bah-naan)

banana

jordbær
(yohr-bair)

strawberries

citron
(see-trohn)

lemon

pære
(peh-reh)

pear

salat
(sa-lat)

salad

ost
(ost)

cheese

kylling
(kew-ling)

chicken

dagligvarer
(dah-lee-var-er)

groceries

pandekager
(pan-eh-kay-er)

pancakes

sandwich
(sand-veech)

sandwich

spaghetti
(spah-geh-tee)

spaghetti

toast
(toast)

toast

majs
(mys)

corn

smør
(smur)
butter

ris
(rees)
rice

kage
(kay-eh)
cake

nødder
(nuhl-er)
nuts

æg
(ayg)
egg

kartofler
(kar-tof-ler)
potatoes

brød
(brul)
bread

chips
(chips)
chips

småkager
(smah-kay-er)
cookies

pop-corn
(pop-korn)
popcorn

pomfritter
(pom-freet-er)
french fries

is
(ees)
ice cream

gulerod
(goo-leh-rohl)

carrot

pizza
(pit-sah)

pizza

broccoli
(brok-oh-lee)

broccoli

mælk
(melk)

milk

løg
(loy)

onion

kalkun
(kal-koon)

turkey

DYR

(dewr)

Animals

fugl	**kat**	**hund**
(fool)	(kat)	(hoon)

bird

cat

dog

and	**elefant**	**rœv**
(an)	(el-eh-fant)	(rayv)

duck

elephant

fox

kalkun
(kal-koon)
turkey

hval
(val)
whale

panda
(pan-da)
panda

frø
(fruh)
frog

ugle
(oo-gleh)
owl

kanin
(kah-neen)
rabbit

hane
(hah-neh)
rooster

abe
(ay-beh)
monkey

løve
(ler-veh)
lion

elg
(el)
moose

egern
(ee-ern)
squirrel

slange
(slang-eh)
snake

mus
(moos)
mouse

kylling
(kew-ling)
chicken

alligator
(ah-lee-gah-tor)
alligator

bjørn
(byern)
bear

gris
(grees)

pig

skildpadde
(skil-pah-deh)

turtle

flodhest
(floh-hest)

hippopotamus

giraf
(gee-rahf)

giraffe

kamel
(kah-mayl)

camel

ulv
(oolv)

wolf

zebra
(seh-brah)

zebra

fisk
(fisk)

fish

ko
(koh)

cow

får
(for)

sheep

ged
(gel)

goat

hest
(hest)

horse

tiger
(tee-er)

tiger

snegl
(snyl)

snail

pingvin
(ping-veen)

penguin

gorilla
(go-ree-lah)

gorilla

SKOLE
(skoh-leh)

school

skolebus
(skoh-leh-boos)

school bus

lærer
(lay-er)

teacher

farvekridt
(far-veh-kreet)

crayons

lim
(leem)

glue

notesbøger
(noh-tes-boo-er)

notebooks

maling
(mah-ling)

paint

blyant
(blee-ant)

pencil

globus
(gloh-bus)

globe

rygsæk
(rewg-sek)

backpack

pen
(pen)

pen

lineal
(lee-neh-al)

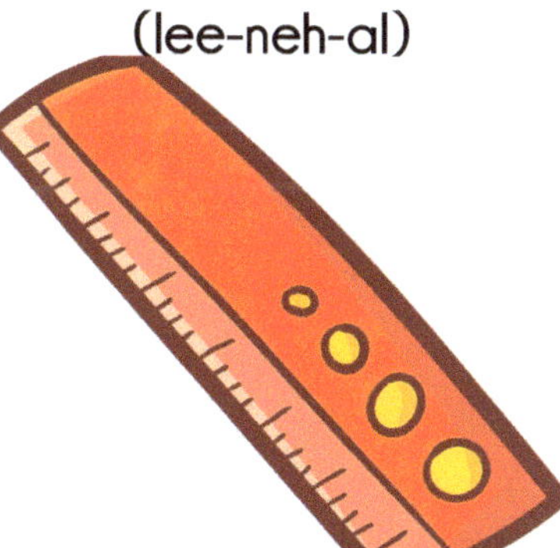

ruler

lommeregner
(loh-mer-rayn-er)

calculator

saks
(saks)

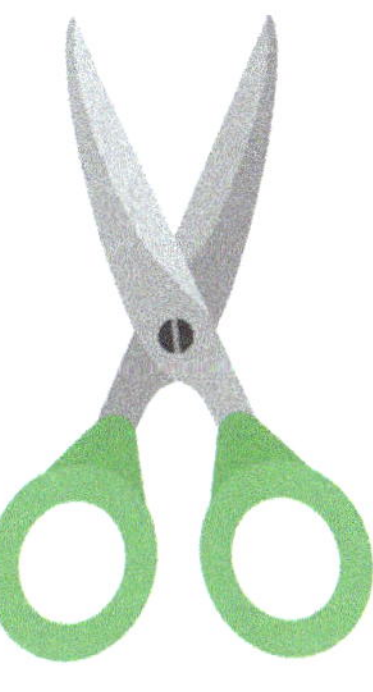

scissors

hæftemaskine
(heft-eh-mah-skeen-eh)

stapler

bog
(boh)

book

skrivebord
(skree-veh-bohr)

desk

elev
(ee-layv)

student

VEJR
(vair)

weather

sky
(skew)

cloud

lyn
(leen)

lightning

regn
(rine)

rain

sne
(snay)

snow

sol
(sohl)

sun

tornado
(tor-nah-doh)

tornado

vind
(vin)

wind

regnbue
(rine-boo-eh)

rainbow

ÅRSTIDERNE — THE SEASONS

vinter
(vin-ter)

winter

forår
(for-or)

spring

sommer
(som-mer)

summer

efterår
(ehf-ter-or)

autumn

TRANSPORT
(trahn-spohrt)
transportation

flyvemaskine
(flew-veh-mah-skeen-eh)

airplane

ambulance
(ahm-boo-lahns-eh)

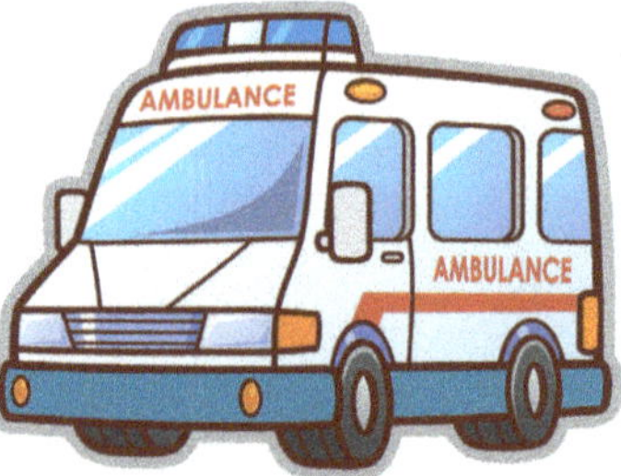

ambulance

cykel
(syk-el)

bicycle

båd
(bohl)

boat

bus
(boos)

bus

bil
(beel)

car

brandbil
(bran-beel)

firetruck

helikopter
(heh-lee-kop-ter)

helicopter

motorcykel
(mohr-toh-syk-el)

motorcycle

politibil
(po-lee-tee-beel)

police car

raket
(rah-ket)

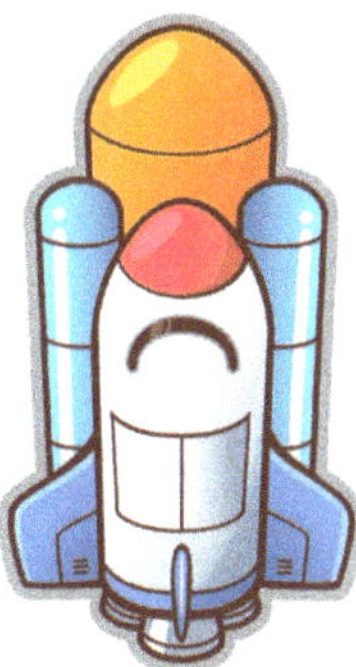

rocket

scooter
(skoo-ter)

scooter

skib
(skeep)

ship

ubåd
(oo-bohl)

submarine

traktor
(trak-tor)

tractor

tog
(toh)

train

lastbil
(last-beel)

truck

vogn
(vown)

wagon

SPORT — SPORTS
(sport)

handske
(han-skeh)

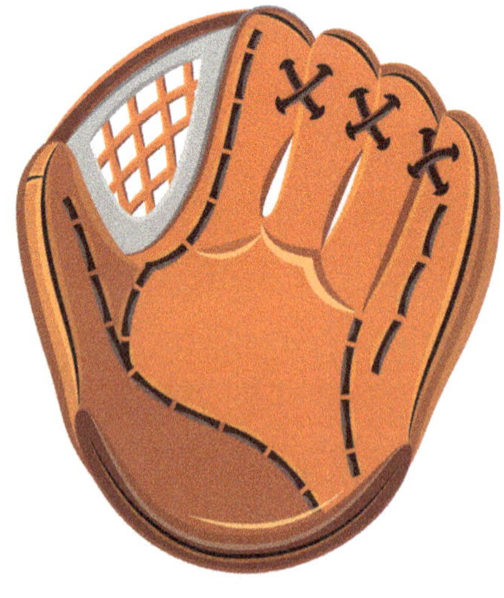

glove

baseball
(beys-bawl)

baseball

basketball
(bas-kit-bawl)

basketball

skateboard
(skayt-bohrd)

skateboard

tennisketcher
(ten-nis-ketch-er)

tennis racket

fløjte
(floy-teh)

whistle

boksning
(boks-ning)

boxing

golf
(golf)

golf

fodbold
(fohl-bolt)

soccer

fiskeri
(fisk-er-ee)

fishing

skøjteløb
(skoy-teh-lurb)

skating

sejlads
(sai-lass)

sailing

amerikansk fodbold
(ah-meh-ree-kansk fohl-bolt)

football

karate
(kah-rah-teh)

karate

tennis
(ten-nis)

tennis

HANDLINGSORD
(han-dlings-ohr)
Action Words

kravle
(krahv-leh)

crawl

klatre
(klat-reh)

climb

græde
(greh-deh)

cry

drikke
(drek-eh)

drink

spise
(spee-seh)

eat

hoppe
(hop-eh)

jump

grine
(gree-neh)

laugh

lytte
(lee-teh)

listen

læse
(lay-seh)

read

løbe
(ler-beh)

run

sidde
(sil-deh)

sit

sove
(soh-veh)

sleep

stå
(stor)

stand

tale
(tay-leh)

talk

gå
(goh)

walk

hviske
(vis-keh)

whisper

kramme
(krah-meh)

hug

hoppe
(hop-eh)

bounce

FØLELSER — EMOTIONS
(fur-lel-ser)

bange
(bahng-eh)

afraid

nysgerrig
(news-gair-ee)

curious

ked af det
(kel ah dee)

sad

vred
(vrehl)

angry

overrasket
(oh-ver-ah-skehl)

surprised

glad
(glal)

happy

MODSÆTNINGER — OPPOSITES

beskidt
(beh-skeet)

ren
(rayn)

lukket
(loo-kel)

åben
(oh-ben)

dirty

clean

closed

open

kold
(kohl)

varm
(varm)

lys
(lys)

mørk
(murk)

cold

hot

light

dark

MODSÆTNINGER — OPPOSITES

gammel
(gah-mel)

ung
(oong)

tung
(toong)

let
(let)

old

young

heavy

light

høj
(hoy)

stille
(stee-leh)

ned
(nel)

op
(op)

loud

quiet

down

up

MODSÆTNINGER — OPPOSITES

tør
(tur)

våd
(vohl)

blød
(bluhl)

hård
(hohr)

dry

wet

soft

hard

trække
(trak-eh)

skubbe
(skoh-beh)

over
(oh-ver)

under
(oon-er)

pull

push

above

below

HILSNER — GREETINGS

hej
(hi)

farvel
(fah-vel)

godmorgen
(goh-morn)

godnat
(goh-nat)

hello

goodbye

good morning

good night

ja
(yah)

nej
(nigh)

venligst
(ven-leest)

tak
(tak)

yes

no

please

thank you

UGENS DAGE — DAYS OF THE WEEK

mandag
(man-dah)

tirsdag
(teers-dah)

onsdag
(ons-dah)

torsdag
(tors-dah)

fredag
(fray-dah)

lørdag
(lur-dah)

søndag
(sun-dah)

MÅNEDER — MONTHS

januar
(yan-oo-ar)

februar
(feh-broo-ar)

marts
(mahrts)

april
(ah-pril)

maj
(my)

juni
(yoo-nee)

juli
(yoo-lee)

august
(ow-goost)

september
(sep-tem-ber)

oktober
(ohk-toh-ber)

november
(noh-vem-ber)

december
(deh-sem-ber)

FORMER — SHAPES
(for-mer)

cirkel
(seer-kel)

circle

diamant
(dee-ah-mahnt)

diamond

rektangel
(rek-tang-el)

rectangle

kvadrat
(kvah-draht)

square

stjerne
(styar-neh)

star

trekant
(treh-kant)

triangle

FARVER — COLORS
(far-ver)

rød
(rohl)

red

blå
(bloh)

blue

grøn
(grurn)

green

orange
(oh-ran-ghe)

orange

lyserød
(lew-seh-rohl)

pink

lilla
(lee-lah)

purple

gul
(gool)

yellow

hvid
(veel)

white

sort
(sort)

black

TAL — NUMBERS

en	to	tre	fire	fem
(en)	(toh)	(tray)	(fee-reh)	(fem)

seks	syv	otte	ni	ti
(seks)	(sew)	(oh-teh)	(nee)	(tee)

ALFABET — ALPHABET

(ahl-fa-bet)

A	B	C	D	E	F	G	H	I
a	be	ce	de	e	ef	ge	hå	i
(ah)	(beh)	(seh)	(deh)	(eh)	(ef)	(geh)	(haw)	(ee)
J	K	L	M	N	O	P	Q	R
jåd	kå	el	em	en	o	pe	ku	er
(yodh)	(kaw)	(el)	(em)	(en)	(oh)	(peh)	(koo)	(air)
S	T	U	V	W	X	Y	Z	
es	te	u	ve	dobbelt-ve	eks	y	zet	
(es)	(teh)	(oo)	(veh)	(doh-belt-veh)	(eks)	(ew)	(zet)	

Special Danish Characters:

Æ	Ø	Å
æ	ø	å
(ae)	(uh)*	(aw)

"""

Danish-English Word List

Danish	English		Danish	English
abe	monkey		blød	soft
åben	open		bluse	blouse
æble	apple		blyant	pencil
æg	egg		bobler	bubbles
albue	elbow		bog	book
alligator	alligator		bogreol	bookcase
ambulance	ambulance		boksning	boxing
and	duck		bord	table
ansigt	face		børste	brush
appelsin	orange (fruit)		brandbil	fire truck
april	April		broccoli	broccoli
arm	arm		brød	bread
årstider	seasons		bror	brother
august	August		bruser	shower
båd	boat		bryst	chest
badebukser	swim trunks		bukser	pants
badedragt	swimsuit		bus	bus
badekar	bathtub		chips	chips
badeværelse	bathroom		cirkel	circle
bælte	belt		citron	lemon
banan	banana		cykel	bicycle
bange	afraid		dagligvarer	groceries
baseball	baseball		december	December
basketball	basketball		diamant	diamond
bedstefar	grandfather		dør	door
bedstemor	grandmother		dyr	animals
ben	leg		efterår	autumn
beskidt	dirty		egern	squirrel
bibliotek	library		elefant	elephant
bil	car		elev	student
bjørn	bear		elg	moose
blå	blue		en	one

Danish-English Word List

fætter	cousin (male)	**glad**	happy
familie	family	**glas**	glass
far	father	**globus**	globe
får	sheep	**godmorgen**	good morning
farvekridt	crayons	**godnat**	good night
farvel	goodbye	**golf**	golf
farver	colors	**gorilla**	gorilla
februar	February	**græde**	cry
fem	five	**grine**	laugh
finger	finger	**gris**	pig
fire	four	**grøn**	green
fisk	fish	**gryde**	pot
fiskeri	fishing	**gul**	yellow
fjernsyn	television	**gulerod**	carrot
flodhest	hippopotamus	**hæftemaskine**	stapler
fløjte	whistle	**hage**	chin
flyvemaskine	airplane	**hals**	neck
fod	foot	**hånd**	hand
fodbold	football	**håndklæde**	towel
fodbold	soccer	**håndled**	wrist
følelser	emotions	**handsker**	gloves
forår	spring	**håndvask**	sink
former	shapes	**hane**	rooster
frakke	coat	**hår**	hair
fredag	Friday	**hård**	hard
frø	frog	**hat**	hat
fugl	bird	**hej**	hello
gaffel	fork	**helikopter**	helicopter
gammel	old	**hest**	horse
garderobe	wardrobe	**høj**	loud
ged	goat	**hoppe**	bounce
giraf	giraffe	**hoppe**	jump

Danish-English Word List

hoved	head
hund	dog
hus	house
hval	whale
hvid	white
hviske	whisper
is	ice cream
ja	yes
jakke	jacket
januar	January
jeans	jeans
jordbær	strawberries
juli	July
juni	June
kage	cake
kalkun	turkey
kam	comb
kamel	camel
kanin	rabbit
karate	karate
kartofler	potatoes
kat	cat
ked af det	sad
kedel	kettle
kind	cheek
kjole	dress
klatring	climbing
knæ	knee
kniv	knife
ko	cow
køkken	kitchen
kold	cold
køleskab	refrigerator
komfur	stove
kommode	dresser
kondisko	sneakers
kop	cup
krammer	hugging
kravle	crawling
krop	body
kusine	cousin (female)
kvadrat	square
kylling	chicken
lærer	teacher
læse	read
lampe	lamp
lastbil	truck
let	light (opposite of heavy)
lilla	purple
lim	glue
lineal	ruler
løg	onion
lommeregner	calculator
lørdag	Saturday
løve	lion
lukket	closed
lyn	lightning
lys	light (opposite of dark)
lyserød	pink
lytter	listening
mad	food
mælk	milk
maj	May

Danish-English Word List

majs	corn		**over**	above
maling	paint		**overrasket**	surprised
mandag	Monday		**pære**	pear
marts	March		**panda**	panda
mave	stomach		**pande**	forehead
mikrobølgeovn	microwave		**pande**	pan
modsætninger	opposites		**pandekager**	pancakes
mor	mother		**pejs**	fireplace
mørk	dark		**pen**	pen
motorcykel	motorcycle		**pingvin**	penguin
mund	mouth		**piskeris**	whisk
mus	mouse		**pizza**	pizza
næse	nose		**politibil**	police car
ned	down		**pomfritter**	french fries
nederdel	skirt		**popcorn**	popcorn
nej	no		**pude**	pillow
ni	nine		**pyjamas**	pajamas
nødder	nuts		**ræv**	fox
notesbøger	notebooks		**raket**	rocket
november	November		**regn**	rain
nysgerrig	curious		**regnbue**	rainbow
øje	eye		**rektangel**	rectangle
øjenbryn	eyebrow		**ren**	clean
oktober	October		**ris**	rice
onkel	uncle		**rød**	red
onsdag	Wednesday		**rygsæk**	backpack
op	up		**sæbe**	soap
opvaskemaskine	dishwasher		**saks**	scissors
orange	orange (color)		**salat**	salad
øre	ear		**sandwich**	sandwich
ost	cheese		**scooter**	scooter
otte	eight		**sejlads**	sailing

Danish-English Word List

seks	six	**sommer**	summer
seng	bed	**søndag**	Sunday
september	September	**sort**	black
serviet	tissue	**søster**	sister
shampoo	shampoo	**sover**	sleeping
sidde	sit	**soveværelse**	bedroom
skærebræt	cutting board	**spaghetti**	spaghetti
skål	bowl	**spejl**	mirror
skammel	stool	**spiser**	eating
skateboard	skateboard	**sport**	sports
ske	spoon	**stærk**	strong
skib	ship	**står**	standing
skildpadde	turtle	**stille**	quiet
skjorte	shirt	**stjerne**	star
sko	shoes	**stol**	chair
skøjteløb	skating	**støvler**	boots
skole	school	**strømpebukser**	tights
skolebus	schoolbus	**strømper**	socks
skrivebord	desk	**stue**	living room
skubbe	push	**svamp**	sponge
skulder	shoulder	**sweater**	sweater
sky	cloud	**sweatshirt**	sweatshirt
slange	snake	**syv**	seven
slips	necktie	**tå**	toe
småkager	cookies	**tæppe**	blanket
smør	butter	**tak**	thank you
sne	snow	**tal**	numbers
snegl	snail	**taler**	talking
sofa	couch	**tallerken**	plate
sol	sun	**tandbørste**	toothbrush
solbriller	sunglasses	**tandpasta**	toothpaste

Danish-English Word List

tante	aunt
taske	purse
tekande	teapot
tennis	tennis
tennisketcher	tennis racket
ti	ten
tiger	tiger
tirsdag	Tuesday
to	two
toast	toast
tog	train
toilet	toilet
toiletpapir	toilet paper
tøj	clothes
tomat	tomato
tør	dry
tørklæde	scarf
tornado	tornado
torsdag	Thursday
trække	pull
traktor	tractor
transport	transportation
trapper	stairs
tre	three
trekant	triangle
t-shirt	t-shirt
tung	heavy
ubåd	submarine
ugle	owl
ulv	wolf
under	below
undertøj	underwear
ung	young
ur	clock
våd	wet
vægt	scale
vandhane	faucet
vandmelon	watermelon
varm	hot
vejr	weather
venligst	please
vind	wind
vindue	window
vinter	winter
vogn	wagon
vred	angry
zebra	zebra

English-Danish Word List

above	over	**book**	bog
afraid	bange	**bookcase**	bogreol
airplane	flyvemaskine	**boots**	støvler
alligator	alligator	**bounce**	hoppe
ambulance	ambulance	**bowl**	skål
angry	vred	**boxing**	boksning
animals	dyr	**bread**	brød
apple	æble	**broccoli**	broccoli
April	april	**brother**	bror
arm	arm	**brush**	børste
August	august	**bubbles**	bobler
aunt	tante	**bus**	bus
autumn	efterår	**butter**	smør
backpack	rygsæk	**cake**	kage
banana	banan	**calculator**	lommeregner
baseball	baseball	**camel**	kamel
basketball	basketball	**car**	bil
bathroom	badeværelse	**carrot**	gulerod
bathtub	badekar	**cat**	kat
bear	bjørn	**chair**	stol
bed	seng	**cheek**	kind
bedroom	soveværelse	**cheese**	ost
below	under	**chest**	bryst
belt	bælte	**chicken**	kylling
bicycle	cykel	**chin**	hage
bird	fugl	**chips**	chips
black	sort	**circle**	cirkel
blanket	tæppe	**clean**	ren
blouse	bluse	**climbing**	klatring
blue	blå	**clock**	ur
boat	båd	**closed**	lukket
body	krop	**clothes**	tøj

English-Danish Word List

cloud	sky	eating	spiser
coat	frakke	egg	æg
cold	kold	eight	otte
colors	farver	elbow	albue
comb	kam	elephant	elefant
cookies	småkager	emotions	følelser
corn	majs	eye	øje
couch	sofa	eyebrow	øjenbryn
cousin (female)	kusine	face	ansigt
cousin (male)	fætter	family	familie
cow	ko	father	far
crawling	kravle	faucet	vandhane
crayons	farvekridt	February	februar
cry	græde	finger	finger
cup	kop	fire truck	brandbil
curious	nysgerrig	fireplace	pejs
cutting board	skærebræt	fish	fisk
dark	mørk	fishing	fiskeri
December	december	five	fem
desk	skrivebord	food	mad
diamond	diamant	foot	fod
dirty	beskidt	football	fodbold
dishwasher	opvaskemaskine	forehead	pande
dog	hund	fork	gaffel
door	dør	four	fire
down	ned	fox	ræv
dress	kjole	french fries	pomfritter
dresser	kommode	Friday	fredag
dry	tør	frog	frø
duck	and	giraffe	giraf
ear	øre	glass	glas
		globe	globus

English-Danish Word List

gloves	handsker	jump	hoppe
glue	lim	June	juni
goat	ged	karate	karate
golf	golf	kettle	kedel
good morning	godmorgen	kitchen	køkken
good night	godnat	knee	knæ
goodbye	farvel	knife	kniv
gorilla	gorilla	lamp	lampe
grandfather	bedstefar	laugh	grine
grandmother	bedstemor	leg	ben
green	grøn	lemon	citron
groceries	dagligvarer	library	bibliotek
hair	hår	light (opposite of dark)	lys
hand	hånd	light (opposite of heavy)	let
happy	glad	lightning	lyn
hard	hård	lion	løve
hat	hat	listening	lytter
head	hoved	living room	stue
heavy	tung	loud	høj
helicopter	helikopter	March	marts
hello	hej	May	maj
hippopotamus	flodhest	microwave	mikrobølgeovn
horse	hest	milk	mælk
hot	varm	mirror	spejl
house	hus	Monday	mandag
hugging	krammer	monkey	abe
ice cream	is	moose	elg
jacket	jakke	mother	mor
January	januar	motorcycle	motorcykel
jeans	jeans	mouse	mus
July	juli	mouth	mund

English-Danish Word List

neck	hals	pizza	pizza
necktie	slips	plate	tallerken
nine	ni	please	venligst
no	nej	police car	politibil
nose	næse	popcorn	popcorn
notebooks	notesbøger	pot	gryde
November	november	potatoes	kartofler
numbers	tal	pull	trække
nuts	nødder	purple	lilla
October	oktober	purse	taske
old	gammel	push	skubbe
one	en	quiet	stille
onion	løg	rabbit	kanin
open	åben	rain	regn
opposites	modsætninger	rainbow	regnbue
orange (color)	orange	read	læse
orange (fruit)	appelsin	rectangle	rektangel
overalls	overalls	red	rød
owl	ugle	refrigerator	køleskab
paint	maling	rice	ris
pajamas	pyjamas	rocket	raket
pan	pande	rooster	hane
pancakes	pandekager	ruler	lineal
panda	panda	sad	ked af det
pants	bukser	sailing	sejlads
pear	pære	salad	salat
pen	pen	sandwich	sandwich
pencil	blyant	Saturday	lørdag
penguin	pingvin	scale	vægt
pig	gris	scarf	tørklæde
pillow	pude	school	skole
pink	lyserød		

English-Danish Word List

schoolbus	skolebus	**sponge**	svamp
scissors	saks	**sports**	sport
scooter	scooter	**spring**	forår
seasons	årstider	**square**	kvadrat
September	september	**squirrel**	egern
seven	syv	**stairs**	trapper
shampoo	shampoo	**standing**	står
shapes	former	**stapler**	hæftemaskine
sheep	får	**star**	stjerne
ship	skib	**stomach**	mave
shirt	skjorte	**stool**	skammel
shoes	sko	**stove**	komfur
shoulder	skulder	**strawberries**	jordbær
shower	bruser	**strong**	stærk
sink	håndvask	**student**	elev
sister	søster	**submarine**	ubåd
sit	sidde	**summer**	sommer
six	seks	**sun**	sol
skateboard	skateboard	**Sunday**	søndag
skating	skøjteløb	**sunglasses**	solbriller
skirt	nederdel	**surprised**	overrasket
sleeping	sover	**sweater**	sweater
snail	snegl	**sweatshirt**	sweatshirt
snake	slange	**swim trunks**	badebukser
sneakers	kondisko	**swimsuit**	badedragt
snow	sne	**table**	bord
soap	sæbe	**talking**	taler
soccer	fodbold	**teacher**	lærer
socks	strømper	**teapot**	tekande
soft	blød	**television**	fjernsyn
spaghetti	spaghetti	**ten**	ti
spoon	ske		

English-Danish Word List

tennis	tennis	**watermelon**	vandmelon
tennis racket	tennisketcher	**weather**	vejr
thank you	tak	**Wednesday**	onsdag
three	tre	**wet**	våd
Thursday	torsdag	**whale**	hval
tiger	tiger	**whisk**	piskeris
tights	strømpebukser	**whisper**	hviske
tissue	serviet	**whistle**	fløjte
toast	toast	**white**	hvid
toe	tå	**wind**	vind
toilet	toilet	**window**	vindue
toilet paper	toiletpapir	**winter**	vinter
tomato	tomat	**wolf**	ulv
toothbrush	tandbørste	**wrist**	håndled
toothpaste	tandpasta	**yellow**	gul
tornado	tornado	**yes**	ja
towel	håndklæde	**young**	ung
tractor	traktor	**zebra**	zebra
train	tog		
transportation	transport		
triangle	trekant		
truck	lastbil		
t-shirt	t-shirt		
Tuesday	tirsdag		
turkey	kalkun		
turtle	skildpadde		
two	to		
uncle	onkel		
underwear	undertøj		
up	op		
wagon	vogn		
wardrobe	garderobe